INHALA NATURALEZA, EXHALA TOXICIDAD, IRRADIA LUZ

ExLibric

AMAIA

INHALA NATURALEZA, EXHALA TOXICIDAD, IRRADIA LUZ

EXLIBRIC

ANTEQUERA 2022

AMAIA

INHALA NATURALEZA, EXHALA TOXICIDAD, IRRADIA LUZ

Presentación

Aquella pequeña niña que llevaba la magia consigo.
En su camino miles de destrucciones forjaron su coraza.
No le temía a nada. Siempre fue una valiente.
Sin miedo a decir lo que sentía,
a luchar por lo que quería.
Su sonrisa era una maravilla.
Todo aquel que la recibía
quedaba asombrado por su magnitud.
Durante años, supo conservarla; era su mejor arma.
Podía no tener el día, pero siempre estaba para los demás.

La vida y el tiempo fueron haciendo
de aquella joven promesa un alma perdida.
Nunca encontraba su lugar.
Buscaba, disfrutaba, pero siempre le faltaba la esencia.
Nunca se daba cuenta de que era ella.
Su belleza estaba concentrada en su interior.
Todo aquel que la conoció, y supo quererla,
la recordará por su bondad,
por sus ganas locas de disfrutar
de las pequeñas cosas y su destello.

Hubo unos pocos que la dejaron escapar,
esos, los cuales, hirieron su más preciado don:
su inmenso corazón.

No supo lidiar con aquellos salvajes,
y estos la desterraron a la nada.
Aún la siguen buscando.
Se dice que surca los mares.
En ocasiones se acerca a la tierra
y a través de diversas formaciones deja su huella.
Algún ser vivo tuvo la suerte de contemplarla,
y la climatología expresaba a la perfección
su estado de ánimo.

Sin más divagaciones, os presento a Julia y sus poemas.

13

Letras bailando al son de la mejor melodía.
Placer exquisito para paladares
con ansias de vibrar.

No me gusta que perturben mi paz mental
los difamadores del carpe diem,
debido a que su estancia en mi vida es un instante
y, para mí, su recuerdo una eternidad.

¡SANTIAMÉN!

Yo soñé con llevarte a lo más alto,
que no al altar.
Cumplí mi ofrenda.
Miles de letras conjugadas a la perfección
contaron un instante,
ese que una vez fuimos.
Desde entonces, vivo allí,
anclada en recuerdos, los cuales
mantienen a mi hermoso corazón exiliado.
Escucho su latido, pero su intensidad se desvanece.
No quisiera convertirme en un ser sin alma.

TIERRA

Tú y yo una vez coincidimos en este hermoso planeta
Irradiamos más que su propia estrella
Etéreo recuerdo
Remolino de emociones que
Requieren tu presencia
A pesar de tu ausencia

LUZ 17

Hipnótico romance
que aconteció a la velocidad de la luz.
Su coste, mi alma.

CULPA

El pecado no fue mío
al probar la dulce miel de tu boca.
La culpa, tuya,
por envenenarme de sueños.

ECUACIÓN

Yo sin ti.
Tú sin mí.
Ecuación errónea.

VÍBORA

Te saboreé hasta la última gota que me dejaste,
con dulzura y pasión.
Tú sacaste la víbora que llevas dentro,
dejando el peor de los venenos,
el cual me deshojó con tal desazón
que tan solo puedo echarte de menos.
Succionaste de mí hasta mi alma.
Ahora siento que nuestra conexión
fue puro instinto.
Lo salvaje, buscando cobijo.

MI UNIVERSO

Alrededor mío siempre había
cometas, estrellas fugaces, auroras boreales…
Fascinantes vistas.
En tu interior, los agujeros negros,
el cosmos y la ingravidez
nos convirtieron en oscuridad.
La inmensidad del universo es tal
que sería completamente improbable
volver a coincidir.
Y si ha de ser, que sea por un instante.
Sin esperanza,
el alma vivirá en penumbra eternamente.

MIL BATALLAS

Después de luchar mil batallas,
creo que sigo teniendo fuerzas para una más.
Me enfrentaría a Centurión,
y tan solo con mi resiliencia, saldría victoriosa.
Frente a Poseidón, le ofrecería los mejores lugares,
con vistas hermosas, en las cuales
temblaría al clavar su tridente.
En los infiernos, ni me adentro,
pues mi fuego es lo que les mantiene con vida.
Y en el firmamento
no hay espacio infinito,
en el que mi amor por ti esté reflejado.

SEMPITERNO

Hará un año que desapareciste.
La primavera te trajo de vuelta.
Mariposas revoloteando.
Yo, sonriendo.
Fue como recordar
aquel verano de fantasía.
Noviembre termina.
Ahora que volvemos al otoño y a su fin,
yo te añoro.
Otro invierno más sin tu cobijo.
Mis lágrimas efímeras hace tiempo
que dejan de florecer.
El frío me aterra y en época estival te busco,
pero no consigo alcanzarte.
Sempiterno anhelo
el de volver a sentirte.

SIEMPRE TÚ

A través del vaho que desprendo por mi boca,
un dulce suspiro te invoca.
Los árboles, con sus tonos marrones,
me recuerdan tu hermosa cabellera,
esa en la que me enredé y perdí la cordura.
Dulce frío, que en tu cuerpo
encontré el mejor de los refugios.
El viento me susurra el eco de tu sonrisa.
La niebla me cala el alma con tu recuerdo.
Otoño, imprégnate en mí
y, una vez más, erízame la piel.

DICIEMBRE

Deseos cumplidos
Inolvidables momentos
Corazón hambriento
Imposible de calmar
Enciende la
Mecha
Bombardea mi alma, que en
Ruinas está desde tu
Embestida

OLVIDO

Tiempo, ven por mí.
No te temo.
Arráncame la piel, el corazón;
incluso hasta mi alma te regalo.
Tengo la certeza de que hay amores
que con el tiempo se olvidan,
y otros
que ni el olvido puede separar.

IRÍA

Si supiera ahora mismo que al tocar tu puerta
me recibirías con lo mejor de ti,
iría a buscarte.
Sin embargo,
te pienso y me quedo inmóvil,
anclada en recuerdos,
que hoy los hago míos.

INTERNATIONAL DAY

Dicen que hay un Día Internacional del Abrazo.
Si fuera o fuese así,
ese día fue cuando tu alma y la mía
se aunaron.
Una habitación,
dos seres completamente desconocidos
que hicieron suyo el mundo.
Dos cuerpos compactos
de alma cristalina,
que ciñeron sus heridas,
apaciguando su pasión
para dar paso a la emoción.

P. D.: te echo de menos, aunque tú ya no lo sepas.

RESACA EMOCIONAL

Ese azul del cielo
con sus nubes juguetonas,
entre las cuales se asoma
el inicio de una hermosa luna nueva.
Oscuridad tenebrosa,
cuando la luz tenue inunda las calles.
Escalofríos, al ver la lluvia golpear con fuerza,
queriendo amainar su dolor.
Fantasmas de ayer, que no dejan de perseguirme,
disminuyendo su intensidad y aflorando mi bienestar.
Resaca emocional de ti.

Días grises

Los días grises hacen eco.
Tu recuerdo se aviva.
El calor de tus abrazos
me inunda el alma.
La vida me incita a seguir.
Persistente sonrisa.
Un día más sin ti,
un día menos para el olvido.

PARAGUAS

Luz tenue la tuya.
Inmensa claridad la mía.
Destemplanza, hazme tuya
y resguárdame el alma.

ENCAPOTADO

Las palabras no duelen,
salvo que el receptor esté ya herido.
El silencio es sobrecogedor
para el que anhela respuesta.
Mientras este suceso se dé,
las almas que una vez orbitaron juntas
ralentizan su armonía,
encapotan su vuelo y jamás serán atendidas.

TORMENTA

Truenos, rayos y centellas
ocultaron bajo su manto un cielo estrellado.
Rebeldía del cielo que convirtió
mi miedo en melancolía.
Enamorarme de ti
no te bastó, y ahora
tengo como tormento
acordarme de ti.

CONGELADOS

Admito mi parte de culpa.
Embelesarte de hermosas palabras.
Tus sentidos
estaban congelados,
mientras los míos borboteaban amor.
Cupido lanzó sus flechas:
la mía, en el alma por sentirte;
la tuya, se criogenizó.
Ahora, somos hielo y fuego,
imposibles de maridar.

No lo vi venir

A lo lejos, el maremoto iba cobrando vida.
Su furia se oía en la ciudad, en modo tenebroso.
Estaba destinado para arrasar con todo.
No lo vi venir.
Me dejé seducir por su hermosura.
Ahora soy mi propio náufrago.

MARINERO

A un buen marinero
un verdadero amor nunca se le extravía.
Nutre sus viajes recordando sus cinco maravillas:
el gusto de humedecer nuestras bocas;
el tacto de tu piel, para el deleite de mis dedos;
tu voz, a lo grande, en carcajadas;
despertar oliendo a ti
y verte al timón.
Son el soporte de mi barca.

OTROS LABIOS

Mientras otros labios humedecen tu cuerpo,
pasión, emoción y devoción
fueron mi verdadera navegación.

ESPECIE MARINA

Por si no hubiera suficientes especies marinas,
sería capaz de crear una nueva,
invisible a tus ojos
y a la vista de la humanidad.
Un único anhelo:
darte la bienvenida
en cada zambullida;
percibir tu sonrisa
sin nada a cambio;
ver tus pies bailando sobre mí;
rodearte sin apenas darte cuenta;
introducirme en tu hermosa cabellera
y sentir la paz que te envuelve.
Dejarte ser libre,
aun estando en mi territorio.

FOTOGRAFÍA

Me pasé la tarde viendo fotografías,
y en todas ellas un rostro
destacó por encima de todos.
Tu esencia sobresalía del fotograma.
Ojalá pudiera haber tenido el don de la invisibilidad,
para así poder colarme en tus pensamientos,
esos, los cuales, son intangibles, salvo para uno mismo.
Y como éxtasis final,
sentir que me querías.

ODIARTE

Odiarte quisiera
Dureza la mía que no puedo
Intuyo, que tú tampoco
Amarnos supimos
Respetarnos también
Tropezarnos fue nuestro mejor destino
Encauzamos juntas el final del camino?

APATÍA

Antes de ti, no sabía de su existencia
Paralizaste mi mundo
Adorables sentimientos surgieron
Tajante fue tu huida
Indicio de un
Amor desgarrador

HUELLA

Tengo miedo.
No de vivir,
no de mí,
sino de ti.
Tú, que te arrimas,
me sonríes,
acaricias mi alma,
besas mi piel
y, sin decir nada más,
dejas una huella
imborrable,
esa que hará raíces
y, a pesar de los años,
persistirá.

ATIBORRAR

Te miré a los ojos,
y la tristeza desbordaba por todo tu lagrimal,
ese que una vez fue mi ilusión, mi luz y mi mar.
Tenía que dejarte marchar.
Me arrastrabas a los infiernos.
Quise coger tu mano y sacarte de allí,
mas no pude.
Lastimaste este pobre corazón.
Mi pena es y será quererte atiborrar de mí.

EL BESO

Creo que aquel beso te dolió más a ti que a mí.
Ni siquiera fue robado.
Salió de tu alma rota el pedirlo.
No pude negarme.
Aquellos ojos ansiaban cariño.
Confirmado: eres humana.
Tu miedo te consume
y a mí me espanta.
Estás y no estás.
El escondite es tu juego perfecto.
Sé dónde habitas.

LADRONA

Ladrona de corazones,
¿de qué te sirve irte apropiando de otras almas,
cuando la tuya has de resguardar?
No destruyas
la luz que tanto ansías.
Tus heridas te delatan.
Te alimentas de sonrisas.
Arrebatas sentimientos.
Tu condena…
sucumbir sin vena.

INOCENTADA

Quizás este 28 de diciembre,
más que una inocentada,
sea una bofetada en toda la cara.
Me asomo a la ventana.
El silencio me sobrecoge
Recuerdo perfectamente varias caras.
Sonreían, bailaban y humeaban.
Cerveza en mano.
Charlas y pasión,
que terminaban en un rincón de la cama,
encadenadas
y latiendo al mismo son.
Llorar quisiera.
Tan solo tu recuerdo ocupa mi corazón
Quizás algún día me asome
y sonría al verte pasar.

HABLEMOS

Si las paredes de mi casa hablaran,
solo pedirían una cosa.
Miedo tengo de escucharlas.
El sofá te echa de menos.
La alfombra se siente desnuda sin tus pies.
Aquel pijama que nunca usaste
ansía con pertenecerte una vez.
Mi cocina requiere de tu sabiduría culinaria.
El espejo del baño está triste
al no ver tu reflejo en él.
Las escaleras que guían el destino al paraíso
están resbaladizas de tanto chirriar.
Y yo, entre tanta tristeza,
florezco con aquellas canciones
que hicimos nuestras.

Escuchar

En silencio
Sabio
Consejo
Utopía para aquellos que
Consideran el
Habla un privilegio. El
Alma sana como un
Ruiseñor al alba.

MALETA

Hacer maleta = corazón excitado.
Deshacer maleta = alma rota.
Eso fuimos,
alegría e ilusión
contra
vacío y tristeza.
Sumar y restar.
Yo aporté lo mejor de mí,
y esa huella jamás será borrada.
Tú y tu frialdad trataron de eliminar
mi sensibilidad.
Hoy, exuberante
vuelve a brillar.

ACTITUD

El diablo y yo una vez compartimos casa.
Su visita fue breve, pero intensa.
Quiso llevarse consigo mi más preciado don,
ese que, día a día, fue marchitando,
golpeando con palabras,
silencios irrevocables
y esporádicas apariciones.
Lucha forzosa entre dos titanes.
Salí victoriosa.
Paz y libertad se vinieron conmigo.
Sensaciones y sentimientos empezaron a brotar.
La alegría se convirtió en mi perfume,
y mi vestido favorito,
mi actitud.

SOY SIN TI

Aquellos maravillosos momentos
quedaron grabados en mí de por vida.
Y no quiero olvidarlos,
pues reconozco que fui feliz al tenerte a mi lado.
Como ave migratoria, alzaste el vuelo.
Estabas de paso.
Hiberné por un tiempo.
Al salir, no vi tu regreso.
Me angustié.
Después comprendí
que en el siglo XXI
la vida funciona así.
Apegarse no suena bien.
Ni emocionalmente,
ni racionalmente.
No tiene ritmo,
tan solo versos
que desgarran mi alma
por detener tu trayecto
una vez más.

LA LÍNEA

Soy esa línea que separa
el yin y el yang.
La que avistas desde tu tranquilidad
de no saber si es
el inicio o el final del océano.
La que delimita
un beso entre tu boca y la mía.
La serenidad
ante la ventisca.
La línea seca de la tierra
que da la bienvenida
a las primeras lluvias,
o al renacer de las flores.
La que siempre permanece
sin cambios, a simple vista,
hasta que un día
se rasga
y es todo o nada.
¡Esa soy yo!

JULIA

Y fue entonces cuando Julia
resurgió como el ave fénix que nunca fue,
pero siempre soñó.

Al final comprendió lo más importante de todo.
Que no necesitaba la compañía de nadie para ser feliz.
La felicidad estaba en su interior.
Que si quería la luna, el sol o las estrellas,
ella iría en su busca.
Que en sus días intratables se abrazaría en silencio,
lloraría y se liberaría de todo mal.
Que ella era siempre su prioridad.
Que su sonrisa era magia, y no permitiría
que se la arrebatasen por más tiempo.
Que seguiría soñando despierta,
pues a veces lo que se desea es otorgado.
Que reiría a carcajadas, bailaría, cantaría
y celebraría la vida.
Julia, por fin, entendió el sentido de la vida:
no permitir que nadie ultrajase su vida.
Ya no.

Julia y su sensación de un despertar

Comenzaba a clarear.
Cada día un minuto antes.
Lo sabía perfectamente,
porque todavía conservaba su viejo móvil.
Tal cual ave rapaz, recogió todos sus bártulos
y encaminó su ruta.
Llevaba en letargo
más de lo que hubiera imaginado.
Ya nada la retenía.
Tan solo se necesitaba a ella misma.

Nadie podía quitarle su privilegio.
A tan solo unos pasos, se descalzó
y, al igual que la primera vez,
sintió un escalofrío que recorrió todo su cuerpo
al pisar aquel terreno.
Aquella sensación era su bálsamo.
Vivía por y para aquel momento.
Alzó la mirada y, una vez más,
contempló las mejores vistas
que el mundo le podía ofrecer.
Disfrutaba tanto de aquello
que se le olvidaba en quién se había convertido.
Antes de que su oasis se convirtiera en agonía,

se acicaló como pudo.
Y fue ahí, en ese mismo instante,
cuando unas pequeñas gotas acuosas
recorrieron su rostro y la acercaron a la realidad.
Aun así, cada despertar sonreía,
y ese era su himno para solventar el día.
Sus anhelos no habían salido como esperaba,
pero eso no le quitaba el sueño.
Su único miedo era que aquello
de lo que había hecho un hogar
no cerrara las persianas.

¡Comenzaba un día más!

Alma herida

Un alma herida
con ansias de volar.
Pequeño jilguero o águila real,
alza el vuelo
libre de cargas,
feliz en sentimientos
y valiente jugador.
Inunda el mundo con tus versos,
pues son música para la vida.
Vivirás gracias a tu despertar.

DESTELLOS

Cada amanecer
los primeros rayos del sol
luchan por albergar un corazón desconsolado.
Al caer la noche,
buscan una mirada de consuelo.
Fogonazo de luz, guíame,
mantente latente
y permíteme sonreír.

OCÉANO

Es a ti donde acudo
cuando necesito gritar en silencio.
Cada vez que quiero renovar energía
y sanar mi interior.
Dejar que mi rostro se inunde de agua salada
y así callar mi llanto.
En compañía o en soledad.
Cualquier día del año.
Siempre te escogeré.
Solo tú conoces mis cicatrices,
que en silencio te susurro.
El día del juicio final reposaré mi alma sobre ti.

CUERPO CELESTE

Luna que siempre brillas
envuelta en tu oscuridad.
Te miré de cerca.
Esos hermosos cráteres
que cicatrizan tu circunferencia
no hacen más que embellecerte.
Momento eterno
bajo la luz de tu reflejo
que mantiene vivo
un sentimiento:
eclosionar contigo.

MARIPOSA

Me contaron que te asemejabas a las mariposas.
Esos hermosos brazos tuyos
eran como dos alas impregnadas de colores
que alegraban corazones.
Revoloteabas sonrisas en las entrañas de quien te quiso.
Experta voladora,
por más que quisieron nunca supieron retenerte.
Un alma libre y solitaria
no está al alcance de cualquiera.
Vuela alto, inalcanzable a la maldad humana.

BAGAJE

«¿Cuantas veces te han lastimado?».

«No lo sé.
Puede que muchas,
aunque, quizás, solo haya sido una.
Sí, tan solo una.

Hoy por hoy, sigue doliendo.

Su carencia estremece todo mi ente.
Recordar su sonrisa,
su libertad,
y cómo me hizo sentir…

Es mi bagaje por haber amado.
Al menos, percibí lo hermoso de la vida».

Julia, voló y voló…
Regresó a lugares a los cuales les tenía pánico;
no eran para tanto.
En otros, apenas ni se detuvo.
Sin embargo,
uno obtuvo el mejor lugar otorgado en su corazón.
Quiso conservarlo, pues…

Escudriñé tanto mi amor por ti,
que hoy alberga
felizmente
un bonito recuerdo,
del cual jamás me desprenderé.

Seguiré aleteando sonrisas.
Quizás, este mundo vacío de almas, pero lleno de gente,
me hospede un instante más a tu lado.

Índice

Sobre la autora

Amaia Galindo de Paula (Ermua, Vizcaya, 1981) siempre soñó con crear historias, reales o ficticias. Su única finalidad es conseguir transmitir con palabras aquello que no se puede alcanzar, salvo con el corazón.

En 2021, publica su primera obra, *Retales de un instante contigo* (Círculo Rojo), un breve relato de prosa poética. Ese mismo año publica un pequeño poemario, titulado *Para abrigar(t) el alma* (Diversidad Literaria) y realiza un curso de escritura creativa.

A su vez, se presenta a varios concursos con poesías para la editorial Diversidad Literaria, y todas ellas son seleccionadas para incluirlas en sus correspondientes antologías. Participa en un concurso de relatos cortos con Ediciones Embrujo y su relato es seleccionado para formar parte de la antología.

9 788419 520449